Dieter Schemm

Gedichtband

Lichterkranz

tredition ©

www.tredition.de

© .2017 Schemm Dieter

Verlag:tredition GmbH, Hamburg

ISBN

Paperback:	978-3-7323-4257-0
Hardcover:	978-3.7323-4258-7
e-Book:	978-3.7323-4259 4

Dich zu lieben

Dich zu lieben,
ist mehr als nur träumen in deinen Armen;
gleicht einer Sehnsucht voller Erbarmen!

Dich zu begehren,
heißt das Herz in Sternenstaub baden;
oder einfach die Seele im Fliegen aufzuladen!

Dich zu küssen,
ist mehr, als nur dem Herzschlag zu lauschen;
vielleicht die Hoffnung gegen Glückskekse zu tauschen!

Dich zu entdecken,
ist mehr, als nur den Samen des Lebens immer wieder zu
bestücken;
ist wie den Zauber des Augenblicks neu zu entrücken!

Mit dir sein, bei dir sein,
ist mehr als sehr;
ist mehr als nur herrlich und fein!

Ruhe

Einfach mal Ruhe;
nur mal für sich;
Ruhe, die verspricht;
was sie auch hält!

Sich mal treiben lassen,
wie Strandgut;
in völliger Ruhe,
die nicht aus der Ruhe bringt!

Dazu lautlose Stille,
die Achtsamkeit lehrt;
in tiefer Ruhe
und doch zu allem bereit!

Einfach nur Ruhe, für den Moment!

Der Liebesfilm

Nicht nur die Qualität der Gefühle,
machen den Zuschauer nachdenklich und bringen;
ins Meer der Begierde,
so aufreizend und chic!

Wo die Lippe dann fischt
und die Seele immer mehr kennt;
weil im Film die Zierde erlischt
und das Feuer im Herzen nun brennt!

Dann, im Kerzenschein der alles sagenden Blicke,
wo Gebote und Verbote dann spülen;
verwerfen sich die Geschicke,
als wären es nicht zu stoppende Mühlen!

Und im Wohnzimmer ihrer Konfektion,
wo alles ans Licht kam;
ergab sich ein unverwechselbarer Ton,
im Film Melodram!

Die Angst

Ein tiefer Schlund im Alltagstrott,
gekühlt und ziemlich eng,
einfach nur eng und kalt;
ein Kochtopf voller Teufel, tagein, tagaus,
einfach nur dunkel und staubig,
mehr als nur staubig und dunkel;
vielleicht ein zurückgebliebenes Paradies ohne Ruhe und
ohne Halt
und im Moment so leer und wild,
einfach nur wild und leer;
Gefühl, das alles andere nur hintenanstellt,
mehr als eine lähmende Ahnung;
die Angst!

Enttäuschungen gehören zum Leben,
aber sie sind nicht das Ende!

Vom Winde getragen (1)

Es treibt die Poesie im Grad der Naht,
den Sonnenstrahl ins Reich der Fantasie;
entrückt und streut dann eine Saat,
als leise, sanfte Frühlingssinfonie!

Denn die Samen und Ähren
werden vom Winde entfacht;
sie fliegen und währen
und werden für himmlische Momente gemacht!

Der Glaube ans Neue ist schön und begreift,
erwacht jeden Morgen in sinnlicher Ansicht;
entlockt manches, weil es mehr als ein Gestern dann
streift,
und malt die Farben in ein goldfarbenes Licht!

Vom Winde getragen (2)

Doch beim Entdecken der eigenen Bilder
bleibt die Erinnerung, die bei manchen vielleicht brennt;
denn das Staunen im Herzen können nur noch ein paar
und das Vertraute geht fremd!

Doch immer wieder gibt es die Liebe,
wo Oasen des Glücks so manches nicht so schlimm
machen
und ein Liebeslied der Begierde singt dann als Chor,
denn irgendwann fliegen die Herzen
und es öffnet sich ein magisches Tor!

Gegen die Norm

Anders sein ist mitunter beschwerlich,
selbst zu sein ist immer möglich;
authentisch sein,
ohne den anderen zu verletzen!

Mensch sein ist wunderschön,
Rückgrat zeigen kommt nicht immer an;
glaubhaft sein
in den Spielregeln der Gesellschaft!

Ecken und Kanten zu haben kann nicht schaden,
ist nicht immer bequem;
selbst sein
und trotzdem eigene Ziele auch erreichen!

Im Jetzt und Hier, im Moment sein;
ist sehr gut;
denn was morgen ist, das ist Zukunft,
und was gestern war, ist Vergangenheit!

Du kleine Schnecke

Du kleine Schnecke auf dem Asphalt, du bist so klug;
nimmst dir die Zeit, so viel du brauchst, im eigenen Takt
entdeckst du deine Langsamkeit,
du kleine Schnecke auf dem Asphalt!

Du Nachtigall auf diesem Ast, du kennst dich aus;
singst wunderschön, ganz ohne Eile, mit deinem Klang;
versprühst nun deinen eigenen Zauber,
du Nachtigall auf diesem Ast!

Du Liebe schön auf dieser Welt, du gibst so viel;
strebst nicht nach Geld; im eigenen Kleid,
mit Sinnlichkeit und Charme,
nach zauberhafter Zärtlichkeit!

Der Natur die Stimme geliehen

Bleibt dort der alte Baum vielleicht noch stehen,
sagt leise sich der Traum:
„Wenn nur der Mensch jetzt anders denkt,
dann wird vielleicht des Schöpfers Sorge noch erhört!"

Schadstoffe bleiben ungesund
und leise summt der Bach:
„Die Reinheit bis zum Grund,
dem Fisch ist dies kein Ungemach!"

Der Jäger sagt ganz einfach Nein,
das Edelweiß ganz fein:
„Die Liebe, die von Herzen kommt,
bei Menschen, wenn das Gute klingt!"

In jedem Land der Welt,
da denkt das Nashorn nicht an Geld:
„Ein Tier der Schöpfung schaut gebannt,
hat man die Botschaft nicht erkannt!"

Wo der Körper zum Kult wird

Blitzlichtgewitter,
das den Laufsteg veredelt;
dass sie treibt
wie Weihrauch das Wasser!

Sinnlich, ohne sich anstrengen zu müssen,
für ein Baby eigentlich normal;
für die oberen zehntausend in dieser Gehaltsklasse
ein unabdingbares Muss!

Falten
wirken hier ein Zeichen von Schwäche;
ja, sind hier manche Menschen
unwissend betreffend die wirklich wichtigen Dinge im
Leben!

Werbung,
die geniale Verbündete;
die sich wie eine Klette an ihre Opfer heftet,
ohne dass man sich wehrt!

Körperkult
ist ein Millionengeschäft
und irgendwie Wahnsinn;
wie einfach man diese Menschen doch erreicht!

Nur wer sein Ziel kennt und sein Ziel definieren kann,
kann auch seinen Weg gehen;
wer sein Ziel nicht kennt,
kennt auch nicht seinen Weg!

Der Bart (1)

Ein Bart, ein ganz besonderer Bart,
liegt irgendwo im Abendrot;
unbemerkt
und noch unbeachtet von allen Augen!

Doch dann kommt
ein Kind daher;
ein Kind im Vorschulalter,
wie es in der Geburtsurkunde steht!

Es ist
unverbraucht und verspielt;
so verspielt,
wie neugierige Kinderwesen nun mal sind!

Dann kniet es sich hin,
überlegt kurz und entdeckt unverhofft;
einen nicht geklebten Männerbart,
den es dann aufhebt und studiert!

Der Bart (2)

Und vielleicht gerade deshalb
kommt das Schicksal eines anderen ins Spiel;
es ist ein Schauspieler,
der dem Mädchen direkt in die Arme läuft!

Sekunden verstreichen,
Sekunden eben;
Sekunden,
in denen der Lauf der Dinge alles fügt!

Und das, was kommt, wird so gut,
dass die Vorstellung mit Bart am Abend;
der Anfang vom Ende ist!

Wenn die Hitze steht

Der Ausschnitt hebt den Augenblick,
die Kürze alle Sorgen eben;
die Trägerin legt Fantasie in ihren Blick,
Erotik scheint für sie das reinste Leben!

Die Rundung lenkt ins freie Feld,
die Beine bis zum Himmelreich der Träume;
ihr Lächeln ist viel mehr als nur nett,
so reizt sie jeden hin in unbenutzte Räume!

Die Hitze macht die Oberweite ziemlich frei,
der Stoff scheint völlig zu verschwimmen mit der
Fantasie;
so mancher überlegt nicht erst bei eins, zwei, drei
und sagt nicht nie!

Das Deo gibt den letzten Rest,
die Frau hat einen Namen;
der Sommer wird zu ihrem Fest
bei jedem kleinen Amen!

So kombiniert sie ohne ein Tabu
die Weiblichkeit mit ihrer freien Zeit;
fügt dann im Bistro noch dazu
Gedanken und ihr wunderschönes, freches Sommerkleid!

Urlaub und dann Stau dazu (1)

Urlaubsgrüße auf der Autobahn,
und so tankt man Sonne und Benzin;
denn das Planquadrat der Hoffnung
treibt die Taktik ohne überlegten Sinn
vom Anfang bis zum Ende!

Stau, soweit das Auge reicht,
auch die Partymeile passt sich an;
trotzdem gibt es Ärger, der dem Luftdruck gleicht,
auch die Rückenschmerzen dürfen sein!

Alle drehen Däumchen im Verbund
und der Wahnsinn lebt nur durch den Herdentrieb;
denn das Ziel heißt meilenweit und ungesund durch
Raum und Zeit,
alles, was jetzt weiterbringt, ist durch und durch bestrebt!

Denn das Auto ist schon längst ein Kultobjekt,
immer öfter heißt es nur noch sehen und gesehen werden;
aber ist das Fahrzeug dann defekt,
zählt die Hilfe, nicht die eigene Ehefrau!

Urlaub und dann Stau dazu (2)

Bilder, die den Magen drehen, werden einfach
weggewischt,
schließlich ist es ja die schönste Zeit des Jahres;
denn der Strandkorb ist schon reserviert,
insgeheim mit tausend rosa Bändchen!

Auf der Welt sind alle Menschen nur ein Staubkorn,
jeder, der im Staubkongress die Endlichkeit auf dieser
Welt begreift;
doch immer weiter, immer weiter lautet nun das Motto,
bis sie sagen,
ja, es geht ja doch;
hier und jetzt auf dieser einen Autobahn!

Muse

Durch Zeiten der Muse
entsteht ein Gedicht;
die Zeiten der Muse
sind wie ein Sprungtuch ins Licht!

In Zeiten der Muse,
da braucht es nicht viel;
die Zeiten der Muse
sind mehr als ein Ziel!

Manche Zeiten der Muse,
so kostbar und klar;
durch Zeiten der Muse
wird manches erst wahr!

Die Zeiten der Muse,
sie kommen und gehen;
bei Zeiten der Muse
braucht der Kopf nicht zu verstehen!

Nachtstunden

Ich will mich gar nicht wehren,
ich kann dich nicht vergessen;
mich reizt, an Höhepunkten heute zu zehren,
mich reizt dein Wesen!

Ich will nicht von dir fort,
denn du bist ohnegleichen;
mich reizt dein süßer Mund,
mich reizt nur du!

Ich kann an keine andere denken,
du liegst mir schwer im Magen;
mich reizt, dich zu vernaschen,
mich reizt so viel!

Ich sage frei heraus,
ich sage jetzt und hier;
ich meine es auch ganz ernst,
komm, reiz mich heute Nacht!

Ich komme nicht von dir los,
mich reizt du süße Maus;
mich reizt nun das Gefühl,
mich reizt der Reiz an dir!

Eine Heimat zu haben,
im Innen wie im Außen;
ist ein sehr großes Geschenk!

Mund und Schnauze (1)

Das Herrchen mit der Kette
geht mit dem Hund ein wenig spazieren;
plötzlich wittert das Tier eine Spur
und vorbei ist es mit dem flanieren!

So fühlt sich dieser Herr mit Kette
mitgezogen, ohne dass es für ihn zählt;
dann geht es sich gerade noch aus,
dass der Herr mit Kette nicht fällt!

Doch Momente später steht alles erneut auf der Kippe,
und so denkt nun diese Person für sich;
du lieber, blöder Hund, du, von deiner Sippe,
es geht jetzt einfach nur noch um mich!

Mund und Schnauze (2)

Doch das Tier lebt weiter seinen eigenen Willen,
darum kappt nun Herr mit Kette im Stehen,
weil alle Alarmglocken schrillen
und alle weißen Fahnen wehen!

Und fällt dann hin,
fällt hin in die Pfütze vor ihm!

Auf einmal bleibt der Hund dann auch stehen,
wird mit dem Missgeschick seines Herrchens nun nicht
mehr froh;
läuft schnurstracks auf ihn zu
und schleckt ab den Mund des Herren mit Kette mal so!

Leben ist die Möglichkeit,
unserem „da Sein" eine Chance zu geben!

Zeitlos

Ein Tropfen Zeit
vergeht im Raum;
nimmt sich den Augenblick als Kleid,
als unerfüllten Traum!

Malt Bilder mit Gefühl,
so regenbogenfarben tief ins Herz;
wirft nun von sich den letzten Rest Kalkül
mit bittersüßem Schmerz!

Der Mensch wird stumm und kennt,
erlebt dann einfach und so lieb;
für den Moment
das Geschenk des Lebens!

Was bleibt, ist eine unverwechselbare Regung,
und bricht die Sehnsucht unerreicht;
verzweigt wortlos zu der Bewegung
verteilt das Jetzt und Hier ganz federleicht!

Eigene Wege

Sich
ständig rechtfertigen zu wollen oder müssen,
ist etwa dasselbe
wie ständig zwei Schritte zurück zu tun,
kann es das sein?

Denn
auf dem Weg zu sein ist gut;
Träume zu realisieren ist besser,
mit sich im Reinen zu sein
ist der Anfang von allem!

Eigene Wege auch zu gehen,
dabei das Tun und Handeln nicht vergessen;
Ziele anpacken mit viel Mut;
ist eine Aufgabe, die nicht länger warten kann!

Eigene Wege,
sind das doch nicht die wirklich wichtigen Wege;
sehr verwurzelt in der eigenen Persönlichkeit;
der Identität;
ist es nicht das,
was wirklich zählt,
tief im Herzen?

Liebesglück

Es fängt ganz leise an,
dein Blick greift nach der Zärtlichkeit;
streift meinen Traum und meine Zeit
mit Poesie und Leidenschaft!

Es liegt was in der Luft,
das Glück vermischt sich mit der Hoffnung und mit
Demut;
die Sinnlichkeit wird ein besonderer Duft,
wenn deine Seele nun mit meinem Herzen tut!

Es bringt sich was ins Spiel,
ein Wort bekommt dann immer mehr Gewicht;
küsst alle Farben dieser Welt
mit Güte und mit Regenbogenlicht!

Es zeigt sich wie ein schönes Bilderreich,
dass Stille holt sich unsren Herzschlag,
taucht mit uns ab im Rosenteich,
mit Blumen und weil ich dich so sehr mag!

Es ist, wie es noch niemals war,
ein ganz besonderer Liebesglanz;
wie tausend Sonnen wunderbar;
ein Lichterperlenwahnsinnstanz.

Märchenhafte Frauenmädels

Das Lächeln einer schönen Frau,
geschenkt und ungebunden;
bringt vielleicht ein Rädchen in Schwung
und ist ein Spiel, ohne darauf zu bestehen!

Denn so manche zuckersüße Lippe,
ungemein gefährlich und echt;
greift erst einmal das Rädchen,
dann ist es vielleicht schon zu spät!

Die Unschuld eines bezaubernden Blickes,
überaus offen und frei;
bewegt vielleicht ein Rädchen,
eine Einbahnstraße des Glücks und in der Summe hoch
drei!

Die Poesie einer begehrenswerten Frau
schreit geradezu nach Schlagsahne;
es ist wie ein Rädchen,
wie ein großer Versuch!

Das weibliche Geschlecht,
wir Männer danken Gott dafür;
nicht erst im Rädchen,
ist man in sie verliebt!

IAA Frankfurt (1)

Handfest zeigt hier die Aktion
eine Studie, die den Radstand normt;
High Technik über die Traktion,
und es schraubt die Lust, die formt!

Autofahren ist hier manchmal übermorgen,
wo der Preis die Schwelle übertritt;
denn am Stand der ungesagten Verfahrenssorgen
nimmt so mancher Schulden mit!

Motorenträume, die im Wahnsinn enden,
lenkt nun das Konzept der neuen Autos;
Kurven, die dann selbst die Models haben,
werben Autobauer dann mit Listenpreisen!

Alles glänzt und blitzt,
Donnerwetter;
schließlich ist es wichtig, dass die Botschaft sitzt,
und so bleibt der Traum der Kundschaft auch ihr Retter!

IAA Frankfurt (2)

Hoffen sie auf einen großen Zuspruch
durch den potenziellen Kunden;
legen Schwächen vorsichtshalber wie ein rotes Tuch,
auf der IAA ist alles dann gebunden!

Und so machen sie dann den Betrachter schwach,
lenken ab von morgen;
lautlos oder mit viel Krach
und versichern Sekt und Sorgen!

Morgen,
warum eigentlich nicht heute;
aber besser noch,
warum nicht gleich?

Himmlisch

Sonne, Mond und auch so mancher Stern,
vielleicht sogar ein Licht am Firmament;
selbst der Silberstreif am Horizont sagt uns,
glaube nicht nur, was du siehst,
glaube auch an das, was im Verborgenen liegt!

Alles ist verbunden mit dort oben,
und vielleicht gerade deshalb aufgereiht wie eine Schnur;
für den Bettler und den Millionär,
eben halt für alle!

Manchmal, wenn die Schönheit mit dem Himmel im
Gebet dann singt
und man glaubt, es Sterne staubt;
wenn der Glaube mit der Seligkeit erklingt
und die Sinfonie dem Paradies auch noch erlaubt.

Deshalb steht das Licht der Sterne für die Seligkeit,
weil die Sehnsucht zu uns meint;
lebe,
lebe lieber heute und nicht morgen,
lebe jetzt und hier!

Einsamkeit

Tausend kleine Narben
durchziehen schon mein Herz;
dabei ist mir nach tausend Farben,
und nicht nach Leid und Schmerz!

Die Sehnsucht zeigt sich wie ein bodenloses Fass,
wo selbst die Finsternis nun nicht mehr weicht;
das Leben ohne purpurroten Spaß
ist wie ein kaltes Zimmer, das nicht die Seligkeit
erreicht!

Auch Lippen, die in Einsamkeit erfrieren,
wenn Hände dann ins Leere greifen;
der Wahnsinn und das Glück, wenn sie sich selbst nicht
mal verführen,
und dann nur Schlangenbisse reifen!

Den schlimmer als ein bettelarmes Kleid
sind Tage ohne dich;
kein Zauber einer Ewigkeit,
denk ich für mich!

Kleine Stacheln können manchmal ganz hilfreich sein!

Ausschau

Wissen wir was Morgen ist,
oder vielleicht in einem Jahr;
so mancher hätte es wohl gerne
für sich allein!

Den Schlüssel der Gefühle,
der Mensch braucht nur zu öffnen;
dann darf der Mensch auch tun
fürs eigene Wohlbefinden!

Den Zauber einer Liebe,
wer hat nicht schon davon gehört;
man braucht dazu auch Ehrlichkeit und Zeit
und das Vertrauen!

Die Achtsamkeit gegenüber den eigenen Werten,
heißt irgendwo doch, mit dem eigenen Leben
anzubandeln;
bedingt das Glück, das nährte
beim Tun und auch beim Handeln!

Treppensteigen (1)

Es setzt der Fuß
beim ersten Schritt
mit Kraftaufwand,
mit strammen Waden
die Höhe jener Stufe frei!

Es tritt der Fuß
gewohnt
in Markenschuhen
im eigenen Rhythmus,
der Täter hat die Schuhe selbst bezahlt!

Es führt der Fuß
durch die Bewegung
und bleibt dann stehen;
ganz ohne Regung,
und sei es für Momente!

Treppensteigen (2)

Es bringt der Fuß
dann wieder vorwärts;
wie selbstverständlich,
durch die Posaunen und Trompeten,
näher hin zum Ziel!

Es setzt der Fuß
den letzten Schritt,
und dann ist Schluss;
weil nun der Wille und das Tun
sich selbst befreien vom Treppensteigen!

Blumenpracht

Die Wiese voller Sinnlichkeit,
mit jeder unverwechselbaren Blüte;
entzückt in einem eigenen Kleid,
was anderes kommt ja gar nicht in die Tüte!

Ein Augenblick scheint zu kriegen,
mit all seiner Wunderwelt der Formen,
und hebt nun ab zum Siegen
im sanften Sonnenlicht, ganz ohne Normen!

Das Wechselspiel der Farben
lässt Träume Bilder malen;
Gefühle leben auf ganz ohne Narben
und alles wird so schön!

Die Augen saugen Leben tief in unsere Seele,
ein Glücksgefühl der tausend Möglichkeiten,
und senden die Befehle
in die Gezeiten!

Als Blumenwiese,
als Blumenpracht,
als Blütenzeit,
wer dieses Wunder sieht!

Froh und heiter

Werde doch mal Lebenskünstler
und nütze deine Zeit;
werde doch mal Rosentester,
wo die Musik richtig klingt!

Sei doch mal vom Leben selbst erhellt,
wo das Spiel dir bringt;
wo das Senfkorn auf der Welt
und der Anfang durch das Neue dir gelingt!

Spür den Traum, der in dir liegt;
lebe diesen mit Gefühl;
arbeite hin auf dieses Ziel;
sei mir bitte, sei doch mal!

Sei doch mal ein Tagesblick
und genieße pure Kraft;
tue ganz behutsam und mit Geschick
und aus purer Leidenschaft!

Mach es wahr, es geht, ja, steh dazu,
schenke dem Gedanken einen Willen,
und nun tu,
vielleicht ist dann der neue Tag das Glück!

Momentaufnahme

Der Horizont malt die Gedanken,
die Frage, keine Antwort;
die Welt, sie ist am Wanken,
bei Krieg und Mord!

Das Abendrot legt sanft den Frieden,
die Zärtlichkeit, sie liegt in uns bereit;
das Geld bringt Neid,
verfälscht das Wichtigste der Zeit!

Die Hoffnung zaubert jeden Morgen Segnung,
das Glück ist freier als der Wind;
beim Rasen der Bewegung,
vom Greisen bis zum Kind!

Die Liebe kann man nicht verschreiben,
beim Kuss der Ewigkeit;
die Macht, die tausend Fragenzeichen treiben,
wird immer mehr zum Ernst!

Was bleibt, sind Zeilen und vielleicht ein bisschen mehr,
auch der Moment, er kommt nicht wieder;
Vergänglichkeit für immer;
dazu mein Name, der lautet Dieter.

In der Nacht

Eine Frau denkt an nichts,
im Schlafzimmer brennt Licht;
ihr Ehemann ist noch unterwegs,
das hat seinen Grund!

Bis der Schlaf sie ein für alle Mal verrät,
dass die Ruhe der Nacht nur auf Raten;
wo das Unterbewusstsein berät
und himmlische Mächte ausschlachten den Braten!

Dann werden Bilder zu Befehlen
und das Mondlicht malt ihr eine andere Welt;
doch die Zeit macht sie willenlos,
und am Ende sind die unzensierten Bilder bestellt!

Der Träger der Geschichte,
die Seele deutet bestückt;
der Traum gibt den Rahmen Gewichte,
der Mensch wird bedacht und entrückt!

Denn was wollen sie uns sagen so fein,
die tiefen Schichten im Traum;
schenken sie uns Blumen und klagen diese ein,
Bilder für unseren Lebensbaum!

Frieden

Besitz ist irgendwann verloren,
Besitz ist wie ein Staubkorn;
Besitz ist relativ,
Besitz ist nicht einmal wahr!

Macht ist irgendwo eine Waffe,
Macht ist das Thema der Gesellschaft;
Macht ist naiv,
Macht ist nicht einmal wahr!

Geld ist Religion,
Geld ist Fluch und Segen zugleich;
Geld ist für manche das Allheilmittel,
Geld ist der Schatten der Zeit!

Krieg ist keine Antwort,
Krieg ist kein Fundament;
Krieg endet oftmals mit Mord,
Frieden für Krieg!

Je tiefer man fühlt, desto mehr kann es wehtun!

Liebestraum

Der Liebestrunk der Leidenschaft
vergibt nun den Moment als schönste Zeit,
der die Gefühle unbeschreiblich strafft,
in Sehnsucht und in Ehrlichkeit!

Wo nun die Sterne Namen haben,
um dann mit Sehnsucht tief zu versinken;
wo Liebende in Liebe laben
und mit der Sinnlichkeit dann sich betrinken!

Ein Purpurrot wird aufgezogen,
die Zärtlichkeit schreibt ein Gedicht;
beim Streicheln schöner, schwerer Wogen;
die Lippen fügen sich danach wie ein Bericht!

Bei Blumen, die es schöner unterstellen,
entsteht der Tango in der Liebesnacht;
die noch dazu den Traum erhellen,
bei den Gedanken, der anlacht!

Selbst das kleinste Staubkorn kann manchmal wie ein Berg sein!

Gefühle sind der Samen des Lebens!

Einfach Liebe! (1)

Es liegt was in der Luft,
die Sinfonie des Dichters;
wo der Anfang schwer und tief dahinschwingt,
raupenartig;
griff sie dann Zahn für Zahn
irgendwie nach den Sternen!

Im hellen Sonnenlicht
entfernt nun das Gefühl den Schatten
zum Positiven hin,
als Schokoladentraum!

Der der Gesamtheit auf die Sprünge hilft,
der den Moment vergoldet,
den Augenblick versilbert,
in alle Ewigkeit!

Einfach Liebe (2)

Erlebt,
der Blick, der alles sagt;
durch Sinnlichkeit im Blütenrausch,
mit allem Zauber, mit Vergissmeinnicht!

Und eine neue Zärtlichkeit entsteht,
die tiefer geht wie je zuvor;
zum Wunderbarsten hin,
zur Liebe!

Dorfbekannt

Dorfbekannt
entwickelt sich der Unfall nahe am Feuerwehrhaus;
mit Eigendynamik,
die bis heute keiner verstand!

Alkohol
verträgt sich nicht mit Autofahren;
doch es war Sommer,
ein Sommerfest auf dem Land!

Dorf-Tratschen
sind lebende Zeitungen,
die alles im Dorf verzerren,
was der Pfarrer erst als Letzter erfahren sollte!

Selbst die Polizei
tat ihr Bestes;
doch gegen das Dorfgesetz der Jungfrau Maria,
war selbst die Polizei machtlos!

Doch Monate später kam das Kind zur Welt
und war irgendwann dorfbekannt!

Nebel im Tal

Wenn die Nebelfetzen sinnlich hüllen
und der Dunst steigt auf;
Kühle legt sich auf den Grashalm,
Kühle zieht durch Wald und Flur!

Streifen sanft nun die Gedanken,
still und leise dann empor;
legen tausend neue Fragen
in das Unterholz davor!

Umhüllen unbemerkt den Atem,
tief in eine Feuchtigkeit;
legen noch dazu das Tal
durch und durch in Wasserdampf der Zeit!

Doch es bleibt nicht so,
selbst der Sonnenstrahl kennt keine Gnade;
hat sich nun ganz klar entschieden,
jetzt und hier für dieses Tal!

Darum tanzen dann die Sonnenstrahlen
und die Hoffnung reift erneut,
denn dann kann
das Tal von Nebelschwaden sich befreien!

Das Wesen der Liebe
ist ihre Dimension!

Mit den Zugvögeln

Nach morgen und nach gestern,
wo alles vergeht,
wo alles herkommt,
wo nichts mehr ist, wie es war,
wo wir sind, um einzutauchen und nochmals
einzutauchen
in Raum und Zeit!

Liebste

Weit, weit, so weit
bin ich an diesem Tag von dir entfernt;
im See, am Strand, im Park und noch einmal
möchte ich so gerne nur mit dir,
und das Gefühl so nah, sehr nah, hautnah,
soll unsere Liebe füreinander sein;
mir dir so eng, ganz eng und überhaupt,
träume ich mich hin zu dir!

Denn dort im Jetzt und Hier auch auf der Stelle;
sinnlich, leise, sanft und lieb,
zärtlich, lieblich, wild und so tief,
um Raum und Zeit zu schmücken,
wo ich dann finden werde nur mit dir,
die Liebe und sonst nichts,
du mein wunderbarer Honiglutschbonbon,
du schönster meiner Horizonte!

Schneeflocke

Schneeflocke, Schneezauber,
die Sehnsucht beginnt;
Schneeflocke, Schneefreuden,
komm her und erzähle!

Schneeflocke, Schneekristalle
streicheln über mein Gesicht;
Schneeflocke, erwecke
ein kleines Gedicht!

Schneeflocke, Schneehöhe,
die Landschaft versinkt;
Schneeflocke, deine Ruhe
bringt die Liebe zurück!

Schneeflocke, Schneezeit,
in Nah und in Fern;
Schneeflocke im Wind,
bring uns zum leuchtenden Stern!

Schneeflocke, Weihnacht,
wie kennst du mein Herz;
Schneeflocke, mein Segen,
du kennst meinen Schmerz!

Konsum,
das Heilmittel der freien Marktwirtschaft
und der Graben der heutigen Gesellschaft!

Telefonieren

Die Leitung ist kalt,
die Herzen sind warm;
die Wege
legen die Silben auf die Lauer;
wo die Stimme freigibt
und ein Bild streift, das entflieht!

Den bei der Bewegung der Regung
bleibt nicht alles klar;
ein Haar
war in der Suppe;
beim Telefonieren,
gehen Wortsplitter platzieren,
wenn sie verstehen!

Denn die Stimme im Ohr
streichelt Gefühle;
mehr aber nicht,
im Schein der Laterne!

Das Bild

Das Bild ist bunt,
das Bild, eine Ausschau nach dem Innersten in mir;
konkret, lieblich, selbstbewusst;
das Bild erinnert an die Träume der Nacht,
an Ehrlichkeit ohne Tabus;
an die verlorenen Ebenen meiner Seele,
an die Wiedergeburt meines Lebens!

Das ABC der Liebe

A wie Augenblicke ohne Raum und Zeit,
B wie bei Berührung mit dem schönsten Kleid,
C wie Charme der ganz besonderen Note,
D wie durch und durch nach den Geboten;
E wie einmal reicht bei dir nicht aus,
F wie froh und heiter spielen wir dann nackig Katz und Maus,
G wie die Gefühle legen eine heiße Spur,
H wie Haut auf Haut beginnt für uns die Kur,
I wie Inselträume voller Liebe,
J wie jeder spürt und fühlt die Triebe,
K wie küssen wir das allererste Ziel,
L wie Liebe ist kein Spiel,
M wie Muse streichelt uns den Liebesblick,
O wie lenkt der Zauber mit uns die Geschicke,
P wie pure Liebe ohne ein Tabu,
Q wie Quell und Ursprung bis zum Status du,
R wie reichlich gibt es für uns Tiefen,
S wie sanft und zärtlich, wenn die Geister riefen,
T wie tief die Blicke uns auch reiben,
U wie uferlos uns das Begehren treibt,
V wie der Verstand dann einmal war,
W wie Wahnsinn, der so klar,
X wie X und X und nur mit dir,
Y wie you, I love you, jetzt und hier,
Z wie Ziel ist unsere Liebe, Ziel bist immer wieder du!

Die Mauer

Die Mauer ist grau,
die Mauer sieht aus wie ein Regenbogen ohne Farbe,
verunreinigt, staubig, langweilig,
die Mauer erinnert an tausend Fragen,
an eine Momentaufnahme in seinem Herzen,
an einen Weg ohne Namen!

Das ABC des Wassers

A wie Wasser ist des Lebens Anfang,
B wie blaue Farbe, Meeresjungfrau und Gesang,
C wie Christus feierte das Abendmahl,
D wie in der Donau gibt es Fische viele an der Zahl,
E wie eine Welle für den Schwimmer,
F wie Fluss mit seinem eigenen Schimmer,
G wie Grenzkontrollen sind hier nicht unbedingt ein
Muss,
H wie diese Hafenbreite ist vielleicht nur hundert Fuß,
I wie Inn entspringt im Alpenland,
J wie und Johannes schöpfte Wasser Hand in Hand,
K wie Kinder mögen oft ein heißes Bad,
L wie Wasser und der Härtegrad,
M wie Material, das jeder Fluss mitbringt,
N wie nichts, das nicht auch mal versinkt,
O wie ohne Wasser wird das Land zu Wüste,
P wie purpurrot streichelt dieser Fluss die Küste,
Q wie Quellen, die zum Nichtstun laden,
R wie Rettungsschwimmer, die sich baden,
S wie stranden auf Samoa,
T wie tauchen mit der Boa,
U wie unruhig dieser Fluss den Weg einschlägt,
V wie viel Wasser dieser Fluss auch noch verträgt,
W wie viel Wasser speichert dieser Gletscherschnee,
X wie Xanten und die Wasserfee,
Y wie Yacht im feuchten Nass,
Z wie Zeit im Wasserglas!

Das größere Versäumnis,
anstatt irgendwas zu tun,
kann sein,
gar nichts zu tun!

Was du dir wünschst

Manchmal kostet das Leben unheimliche Kraft,
dann schwebt man auf Wolke sieben;
dann scheint es durch Sekunden gerafft,
als bräuchte man sich nur in die Liebe verlieben!

Manchmal sprechen das Herz und die Seele zu einem
in ihrer ganz eigenen Sprache;
manchmal ist das Gefühl mehr als nur klar,
eindeutig und eigentlich unausweichlich!

Manchmal bedecken die Schatten des Augenblicks
den Glauben und das Leben;
modulieren die Hoffnung des Lichts
als Lächeln für einen kurzen Moment!

Bis die Nacht alles zudeckt,
die Hölle und den Himmel zugleich;
wo dann der Morgen mit dem ersten Sonnenstrahl
die Hoffnung und den Tag wiederum gibt,
was du dir wünschst,
was dein Herz in dir begehrt!

Das Gesicht

Das Gesicht ist rot,
das Gesicht, wie ein Sonnenuntergang am Horizont,
rötlich, feurig, warm;
das Gesicht erinnert an eine Erdbeere,
an ein verführerisches Abendkleid, das Blicke auf sich
zieht,
an eine Erotik-Sendung im Fernsehen,
an eine überreife Tomate!

Ein Stern für dich (1)

Ein Stern ist wie ein Kind,
er strahlt, er strahlt, er strahlt;
ist für die Traurigkeit gar blind
und nur für das pure Glück gemacht!

Ein Stern ist wie der Mut,
schaut auf, schaut auf, schaut auf;
tut jedem gut,
weil er den Traum erhellt!

Ein Stern ist neu geboren,
schau an, schau an, schau an;
er gibt dich nicht verloren,
nicht jetzt, nicht irgendwann!

Ein Stern für dich (2)

Dein Stern der Zeit
ist Licht, ist Licht, ist mehr;
ein Engelskleid,
ein Traumgedicht!

Ein Stern, der sagt es dir,
hör zu, hör zu, hör zu:
„Ein Glück, das gibt es auch für dich,
vertraue einfach nur, vertraue einfach deinem Stern an
sich!"

Tagwerk (1)

Seien wir ehrlich:
Mitschwimmen im Hamsterrad
oder aussteigen auf eigene Verantwortung;
dazwischen gibt es nichts,
oder etwa doch?

Denn im Job zählt in erster Linie
Maul halten, funktionieren, ja und Amen sagen,
erst dann kommt das Menschliche,
oder etwa nicht?

Denn eine Arbeit oder einen Job im Leben zu haben,
um in erster Linie der Gesellschaft zu genügen,
damit man nicht aus dem Rahmen fällt,
ist wie ein fader Scherz,
heißt doch das eigene „Ich" entfremden,
und man erntet lautlose Schmerzen!

Bis irgendwann,
ganz ohne Vernunft und Zutun,
die Freude die Begeisterung sucht!

Tagwerk (2)

Dann suchen Gefühle und suchen noch mehr,
doch sie finden sich nicht,
und ob sie sich wohl jemals finden
auf dem Jahrmarkt der verlorenen Träume!

Und so drehen sich weiter
wie ein stummes Gebet
die Mühlen der Zeit!

Erinnerung

Der Blick geht weit über das Meer,
die Sehnsucht schwingt so unendlich lang;
die Seele wird schwer,
das Lied der Wellen wird zum Gesang!

Weißer Sand am einsamen Strand,
mein Mund sucht nach Lippen;
die Seele ist wie ausgebrannt;
es sticht bis in die Rippen!

Licht über dem Hafen,
dass doch so sinnlich und süß entfacht;
selbst die Sterne wollen nicht schlafen,
die Schatten der Nacht!

Die Tiefe zeigt Verlangen,
beim Beinbruch der Seele;
bin ich gefangen,
abgestürzt am Rande der Zeit!

Fahr mir durch das Haar,
umarme mich selbst,
und die Sehnsucht, sie spricht,
sagt mir ganz klar:
Ich denke an dich!

Regelwelt

Der Globus der Regeln und Pflichten,
wird ohne ein gewisses eigenes „Ich" ungenießbar!

Denn das Finanzamt will sein Geld,
die Krankenkasse hofft auf Kunden;
die Arbeitswelt und der Betrieb werden immer mehr zum Sonderfall
und eine Bank verkauft nur unbezahlte Schulden!

Der Doktor spricht mit der Arznei
und der Verkehr bewegt die Autobahn;
das A und O steht unter fettgedruckten Titeln,
die Prominenz selbst ist doch der Wahn!

In der Natur geht es dann um das Kegeln,
doch in der Liebe gibt es kein Tabu;
der Segelwind der Liebe,
ein Ritterschlag der Welt!

Anpassung nennt man heute die goldene Regel,
die Spritzigkeit geht kompliziert;
die Ehrlichkeit geht tief gebeugt,
bis dann das Herz die innere Stimme nicht mehr kennt!

Die Frage nach dir (1)

Beim Entstauben der Träume
streicheln Fragmente von dir mein Gesicht;
weinrot lächeln dazu die zärtlichen Räume
und zaubern ein liebliches Licht!

Dann verändert die Sehnsucht,
wo der Mund deine Lippen berührt;
weil die Blume der Frucht
auch den Blick der Pupillen in Bildern verführt!

Es entsteht Glück in mondklarer Nacht,
eine Stimmung von ganz besonderer Sorte;
wo das ein Seelenfeuer entfacht,
vor der Abzweigung zur himmlischen Pforte!

Doch alles wird anders,
alles bricht aus;
alles ist einfach,
alles und nichts!

Und es gibt sich, was niemand,
was niemand zu hoffen gewagt;
in meinen Träumen,
im Hier und nicht dort!

Die Frage nach dir (2)

Doch sind meine Tage
wie ein Haus ohne Fenster;
entsteht eine Plage,
eine unausgesprochene Frage.

Denn im Meer aller Fragen
sticht die Liebe als Frage ins Herz,
als Frage nach dir!

Dich ganz alleine (1)

Sag, wir wollten uns doch gegenüberstehen,
glauben, reden, irgendwie und irgendwo;
wir wollten doch nicht auseinandergehen,
halt eben nur nicht so!

Die Blicke malen nur noch Schatten,
die Lichter fallen schwer;
die Briefe meiner Zärtlichkeit verraten,
das Paradies der Liebe wiegt viel mehr!

Die Leere schneidet Raum und Zeit,
was bleibt, was bleibt,
die Stille macht sich weit und breit;
wo einzig und allein die Hoffnung treibt!

Die Enge legt sich an das Herz,
die Angst geht tief;
das Wort malt Bilder mit viel Schmerz,
wie definiert man Glück?

Dich ganz alleine (2)

Die Sehnsucht steigt und steigt
wie Fieber;
ich sehne mich, ich sehne mich!

Und schicke die Gedanken dann zu dir,
zu dir und nur zu dir;
weil ich die liebe,
dich ganz alleine!

Der Bikini

Der Bikini formt die Norm,
der Bikini, der erlaubt die schönsten Träume;
der Bikini legt die Form
und erlaubt fast nahtlose Bräune!

Der Bikini legt das Bild,
der Bikini stimmt die Geigen;
der Bikini legt
ein samtweiches Lied!

Der Bikini hat bei ihr Gewicht,
der Bikini ist dann nur aus einem Teil;
der Bikini ist bei ihr vielleicht final,
sozusagen ein lautlos ausgelegtes Seil!

Der Bikini allein macht nicht verrückt,
nicht nur der Bikini lässt Glückshormone segeln,
der Bikini, der entzückt,
denn es ist nicht nur der Bikini dann am Regeln,
der das Zeitliche segnet!

Gaben der Milde, der Güte und Liebe (1)

Manche Hände sind so filigran,
sind viel mehr als schreib-beweglich;
helfen manchmal ohne Plan,
sind und bleiben immer wieder alltagstauglich!

Manchmal fügen sie sich sinnlich und dann zärtlich,
für Verliebte sind sie Seelenbalsam für die Gefühle;
Hände, die entdecken, so wie Gott sie schuf,
und entführen immer wieder die Befehle!

Ach, mal dreckig und verschmutzt,
Hände sind und bleiben handverlesen;
groß und auch mal klein,
auch mal reif für eine Kur!

Man kann sich damit reiben,
Hände sind und bleiben in der Regel fleischig;
man kann so vieles damit schreiben,
Hände sind vielleicht auch Lebenslinienspiegelgut der
Sinne!

Gaben der Mild, der Güte und der Liebe (2)

Denn im Herzen ist ein Sturm,
der sich sanft an deine Seele legt
und jetzt sagt:
„Lass uns nun die Sinnlichkeit verführen
und mit Haut und Haar die Liebe unserer Tiefe spüren;
dazu ganz neu Welten schüren,
ja, was meinst denn du,
und nun sag schon,
und dann Deckel zu"!

Kein Mensch

Kein Mensch, der ist vollkommen,
kein Wort und auch kein Blick;
denn kommt nur halb so viel von dem, was man sich
wünscht,
ist es die Summe von Geschick!

Kein Mensch, der ist unsterblich,
vielleicht ein Stern, vielleicht der Mond;
denn setzt die Zeit auch Grenzen,
gibt es ein Leben, das sich lohnt!

Kein Mensch, der ist doch irgendwie verlassen,
kein Herz und auch nicht du;
denn Seelen brauchen nicht mal zu verfassen
ins Paradies dazu.

Denn jeder Tag ist wichtig,
der Augenblick, die Achtsamkeit;
denn nichts ist nichtig,
von Mensch zu Mensch!

Von der morgendlichen Schatzsuche (1)

Die Sekretärin Karin, sie betritt das Zimmer,
der Chef ist mittendrin im eigenen Frühstückreigen;
er schaut sie an, sie schaut zurück,
nur schweigen!

Der Vorgesetzte hat heute keinen guten Tag,
wo er sich selber noch nicht kennt;
ob er denn heute jemals mag,
wo dann ein Stoßgebet gen Himmel rennt.

Wo er der Sekretärin dann die Meinung geigt,
und Karin muss danach sehr leiden;
weshalb sie plötzlich auf den Stuhl steigt
und sieht den Chef von ihren Seiten!

Die Aussicht von dort oben reißt sie dann
geradezu in panische Angst;
es zieht sie magisch in den Bann
die Maus schräg gegenüber im Eck!

Von der morgendlichen Schatzsuche (2)

Sie schreit:
„Verdammt, schaffe diese Maus hier raus,
sonst flippe ich aus!"

Der Chef erschlägt die Maus im Handumdrehen
und findet dann sein Ferrero-Küsschen,
als hätte man so was noch nie gesehen!

Und alles wird nun gut
mit dem Chef und der Sekretärin!

Märchenland

Bilder tragen eine Botschaft übers ganze Land,
sprechen eine Sprache, die im Herzen tut;
denn die Fantasie der Sinne
erreichen dann vielleicht das Herz und auch die Seele!

Wo dann manche Träume alles sind,
wird das Gute zum Gebot;
wo das hoffnungsvolle Flehen dann beginnt,
wo die Frage aller Fragen mit dem Anstrich steht!

Gedichte, die sich anders schreiben,
Geschichten streifen Raum und Zeit;
wo das Schema und so oft die Rettung treiben,
dort im Märchenkleid.

Schleierhafte Sonnensteuer
und der Anfang das Problem;
Hexenabenteuer,
wer war nur der böse Wolf?

Und so bleiben Märchen,
schön und traurig und zugleich;
sind wie kleine Stoppelfelder,
machen jede Seele reich!

Grenzbereiche des Lebens sind Juwelen im Jetzt und im Sein!

Mehr als nur

Das Verlangen nach dir schifft
die Tagträume der Nacht,
dass auch Herz und Seele betrifft
diese traumhafte Pracht!

Die Sprache der Träne erhellt
und schmilzt Eis einer vergangenen Zeit,
es werden Pläne erstellt
als ein funkelndes Kleid!

Das Hoffen der Sehnsucht benetzt
als eine Frage im Sand;
und die Farbe vernetzt
ein paradiesisches Land!

Die Sprache der Liebe verspricht
den Zauber im Abendgebet
und die Triebe streicheln im Licht,
wo der Wahnsinn der Zeit ganz zu uns steht!

So entstehen benommen
die Bilder und Worte mit mehr als Gewicht,
dabei hat vielleicht so mancher vernommen
mehr als nur ein einfaches Gedicht!

Wüstenchaos (1)

Es fuhr die Reisegruppe mit dem Auto auf einer
Wüstenpiste,
mit einer eigenen Sonderliste;
denn alle hatten Abenteuerlust,
begleitet von dem Sonnenfrust!

Dann kühlten sie den Qualm am Auto mit Himbeersaft,
und nahmen irgendwie von ihrer Flaschenmedizin;
doch es kam dann zu einem Magenfeuer,
vermischt mit reinem Flugbenzin!

Was kam, war nun das Trauma in der Gedankenlauer,
doch ihnen blieb nur noch das Sorgenmahl,
denn dort am Horizont kam es zu der Saharamauer,
getrieben in das Schlangental!

Da plötzlich schreckte sie ein Kühlersausen,
dazu kam noch die Wetterschichtung;
und es kam irgendwie zu Sonderpausen;
bei einer nicht geplanten Pannenschlichtung!

Wüstenchaos (2)

Dann zeigte sich am Straßenrand ein Sommerstrauch,
doch war dies einzig und allein ein Hitzestau;
plötzlich dachten sie an Gartenlauch
und es nervte sie noch mehr das Himmelblau!

Was blieb, war nur ihr bitterböses Händereiben,
die Hoffnung auf einen großen und vollen Wasserkrug;
dann rettete sie, wer weiß, vielleicht ein Liebesschreiben,
nein, es rettete sie ein kleiner, aber feiner Karawanenzug!

Bilder, ohne auf den Grund zu bestehen

Am Ufer des Sees
schmeichelt einsam ein Ruderboot;
verspielt und verzückt ohne Not,
als Anfangsgebot!

Der Ort setzte Zeichen
und liegt nun einsam und verlassen am Rande der Bucht;
wo noch immer die Bilder den Hintergrund ausstreichen
und der glühende Sonnenuntergang besucht!

Minuten gehen und kommen,
das Ruderboot, das beide geradezu einlädt;
die Sehnsucht der Bilder dazu,
als Bühne für die schönste Nebensache der Welt!

Der tiefer ging als jede bisherige Begegnung,
bei einem Kuss,
der sie verschlang voller Erregung,
als nicht zu beschreibendes Muss!

Der sie verzehren ließ,
verzehren in ihren Sinnen und ihrem Körper;
verzehren und entbehren;
im Ruderboot am Ufer des Sees;
mit dem glühenden Horizont!

Samstagabend (1)

Einsam im eigenen Zimmer
durch Schatten der Schwere;
dazu Absturzgefahr, nur nicht noch schlimmer,
durch Trauer und Leere!

Gedankenverloren ein Haar
und eine bedrückende Enge;
ein Untergrund mit Stolpergefahr,
dazu eine alles umfassende Strenge!

Umrisse von Bildern ohne Vernunft,
wo jede Sinnlichkeit stirbt;
denn Fragezeichen bestücken den schwer liegenden Duft,
wo die Hoffnung sich aufs Neue bewirbt!

Ein Wort, um neu aufzustreben,
wo bleibt nur eine einzige Nachricht,
einfach nur leben,
einfach nur tun!

Samstagabend (2)

Doch dann zwickt gewaltig
dazu ein ganz besonderes Gefühl der Nacht,
und ich will mich damit nun befassen;
denn vielleicht wird dadurch im Laufe des Abends für
mich,
anstatt die Geier über mir kreisen zu lassen,
die Minute an sich
ein Samstagsgeschenk!

So oder mal so

Ebbe und Flut,
Tage und Nächte;
alles hat zwei Seiten,
einfach alles!

Liebe und hassen,
Tod und Leben;
Gegensätze im Duett,
und mancher wird zur Puppe der Gefühle!

Arme und reiche,
Kranke und Gesunde,
gibt es überall,
und auch das Fallbeil der Gesellschaft!

Verlieren und gewinnen,
Weinen und Lachen,
alles kann einem passieren;
denn der Alltag ist der Spielraum
und die Liebe die Oase;
denn so kann die Liebe kaschieren,
wenn das eigene Schicksal,
das Leben sehr kränkt!

Einsamkeit ist wie eine Wüste ohne Wasserloch!

Ein Gedicht zur Liebe

Ein liebes Wort von dir aus Zärtlichkeit,
als rotes Rosenband;
ist eine Chance der Zeit,
ist Butterbrot und Hausverstand!

Ein Lächeln im Gesicht von dir,
im Jetzt und Hier und nicht im Dort;
ist wie ein Himmelsschreiben nur an mich,
ist eine Frage auf die Antwort!

Im Amen und in unserer schönsten Lust
entführt ein sanfter Kuss mit allen deinen Sinnen;
wenn alles in der Liebe schmust,
heißt es, Gott erbarme!

Wenn unsere Körper sich berühren,
ringt auch das Glück hin zum Bericht;
und alle Liebesporen sich verführen;
wärmt uns die Seele und das Herz im Sonnenlicht!

Anfangs

Wie soll ich dir nur widerstehen,
was wird ein erster Kuss uns bringen,
was wird nur die Empfindung uns zu Füßen legen,
wann wird der Augenblick zum Paradies auf Erden?

Wie soll ich dich beim ersten Tanz verführen,
ja, wird der Blick die Sprache tiefer legen;
wie soll ich dich auf Händen tragen,
wann werden die Gefühle in uns beben?

Wie soll ich deine Sinnlichkeit erwecken,
wann werden alle Dämme brechen;
was hältst du von verbotenen Hecken,
wann wird die erste Leidenschaft uns stechen?

Wie soll ich dir nur alles von mir geben,
was wird nur deine Mutter sagen;
ich will dich nicht mehr suchen müssen,
ich muss es einfach wagen!

So lass uns den Gefühlen trauen,
ich glaube auch, die sind so echt;
wir wollen Brücken bauen,
ich finde, das wäre nicht mal schlecht!

Bist du bereit

Ein Tropfen Wasser
höhlt selbst den größten Stein;
wenn Güte ehrlich fließt,
durchdringt sie jedes Herz;
wo Liebe selbstlos ist,
da wird der Feind zum Freund;
denn nur wer mit dem Herzen sieht,
ist auf dem Weg!

Für den ureigenen Traum,
das eigene Ich und auch das andere Du zu kämpfen;
einfach nur Mensch zu sein!

Gerade deshalb

Gerade deshalb
beginnt das Gras zu wachsen,
beginnen die Schmetterlinge im Bauch zu fliegen,
füllen sich Zwischenräume mit Worten,
kann nur eines, die Liebe, siegen!

Gerade deshalb
beginnen die Gedanken, dich zu liebkosen,
beginnen die Knospen, offenkundig zu liegen,
werden die Blumen sich öffnen,
kann nur eines, die Liebe, siegen!

Gerade deshalb
beginnt ein besonderes Glück,
beginnt ein ganz sinnlicher Roman zu kriegen,
werden die Menschen sich nach uns umdrehen,
kann nur eines, die Liebe, siegen!

Gerade deshalb
beginnt für uns die Welt anders zu denken;
beginnen Weihnachten, Ostern und Neujahr, sich zu
verbiegen,
verführt eine neue Epoche der Lust,
und kann nur eines, die Liebe, siegen;
gerade deshalb!

Mehr als ein Lachen

Wenn dein Lächeln mich trifft,
werde ich mit Weintrauben befüllt;
weil mich Geist und Seele bezirzen,
und ihn Sterne gehüllt!

Denn unsere aufgehende Sonne,
ist wie eine Freifahrt ins Glück;
liebliche Wonne,
mit sinnlichen Wellen aus Fleisch und Blut;
wo die Küsse wie ein Rhythmus und mit Geschick
verführen;
den Himmel berühren,
entführen;
das Lachen bemühen,
ausführen;
für immer,
verklären,
deine schönsten Waffen,
ernähren
und mehr als nur ein Lachen erklären!

Klettern

Geschmeidig wie eine Katze,
mit messerscharfem Blick;
erklimmt der Mensch mit Glatze
durch Technik und Bewegung, durch Geschick!

Spürt er die Löwen auf,
den Willen und den Mut;
tut er,
weil er es einfach mehr als tut!

Als Freund von Fels und Stein
mimt er den Steilwandakrobaten;
baut auf die Spannung
und glaubt daran, dass er nicht fällt!

In sich gekehrt,
durch Reibung wider Willen;
packt manchmal zu, als ginge es um rohe Eier,
beim kleinsten Griff an sich!

Mit Dreipunkttechnik,
mit einem Mix aus Elementen;
mit Kraft, mit Technik und mit Psyche
wird er zu der Legende an der Wand der Wände!

Es ist nicht gut, noch glücklicher werden zu wollen!

Liebesworte

Jede Sehnsucht braucht den Glauben,
jedes Glück die Zärtlichkeit;
jede Hand, die strebt nach Berühren,
jeder Blick nach Ehrlichkeit;
doch ich brauche deine Liebe,
deine Liebe, nicht nur heute!

Denn die Tiefsee und der Ozean
sind so klein im Zeichen der Gefühle;
denn auch die Weite hinter jedem Horizont
ist noch so klein beim Wahnsinn und der Leidenschaft in
uns!

Wenn der Sommer Mode macht

Wenn der Sommer Mode macht
und der Träger dünn und schlank;
wenn das Herz dabei lacht,
sei dem Petrus nochmals dank!

Wenn die Länge Sünde wird
und der Stoff nichts mehr verhüllt;
wenn der Ausschnitt ungeniert
und der Schatten nicht mehr kühlt!

Wenn man sich auch noch so wehrt,
ein Gesäß im Morgentau,
Form, die jedes Blatt entzerrt;
frecher als ein Himmelblau!

Wenn dann noch im Handumdrehen
alle Sterne fliegen;
die Hormone tiefer gehen;
kann man nur noch siegen!

Sind Gefühle dann noch ohne Ruh,
heißt es nur noch, welche Pracht,
bleibt nur noch die Frage nach dem Du,
weil der Sommer Mode macht!

Was zählt

Was zählt, ist nur noch Geld,
was zählt, sind diese Krallen;
was zählt auf dieser Welt,
sich anzupassen, ohne aufzufallen!

Was zählt, ist nur noch Macht,
was zählt, sind schwarze Zahlen,
was zählt, damit es kracht,
sich übergeben, um nicht anzuecken!

Was zählt, ist die Gesellschaft umso mehr,
was zählt, ist bis zum Herzinfarkt;
was zählt, ist wirklich sehr
die Eitelkeit am Markt!

Was zählt, ist Arbeit und das Geld,
was zählt auf dieser Welt;
was wirklich zählt, das finde ich;
das eigene Lebensglück, der eigene Lebensweg,
das eigene Ich, der liebste Schatz!

Winter- und Sommerschlussverkauf

Der Köder ist der Preis, der Firmenklang,
das Schild wird Austauschware;
ein Lächeln an der Kasse ein Gesang,
es war mir eine Ehre!

Der Moment nun auf den Kopf gestellt,
die Zeit ganz einfach überdreht;
hier zeigt sich, ob man fällt,
wenn man versteht!

Das Angebot, das die Gedanken frisst,
die Zahl, die ohne Antwort bleibt;
die Marke, die ja alles ist,
Reklame, die Rosinen treibt!

Die Zeit, wo mancher Urlaub nimmt,
wo dann der Herdentrieb besticht;
das Kaufhaus, das die Kunden stimmt,
wenn es alles dann verspricht!

Die Lage am Theaterplatz,
die Werbung, die man auch noch glaubt;
doch habe ich zum Glück ja meinen eigenen Schatz,
der ist mir ja viel lieber, hold und überhaupt!

Tiefgang

Tief in uns
liegt die Kraft, die doch so vieles schafft;
ein Gefühl, das uns ermahnt
und es ohne Worte ahnt,
irgendwie und irgendwo;
gelebtes Glück kann sein wie Wein,
klar und ehrlich, tief und rein.

Denn bei der Muße der aufkommenden Verantwortung
und der Dauerhaftigkeit der unaussprechbaren, eigenen
Ziele;
kann die Liebe und noch mehr,
die dann alles in den Schatten stellen,
jeder Standpunkt bis zum Himmel fliegt,
und dann tiefer als zuvor
jede Dunkelheit erhellen!

Alles Gute für das Fest

Nur das Beste an diesen Tag,
und dazu nur ein Gefühl zu zweit;
ein Kuss im Morgentau von deiner Frau,
mit viel Liebe und mit Zärtlichkeit!

Alles Gute ohne Schranken
und für jeden neuen Tag den Sonnenschein;
alles Gute in Gedanken
und dass das Glück dich recht oft mag!

Alles Gute für die Zukunft
und die Güte gleich dazu;
Segen für dein Tun und auch dein Handeln,
für ein starkes Du!

Freunde

Sind wie ein Juwel im Regen,
manchmal außerordentlich bedacht;
wie ein Rettungsanker vor dem Schiffbruch auf allen
Wegen,
vielleicht mit Engelsnoten dann gemacht!

Doch irgendwie bedeutet das auch Arbeit
im positiven Sinn;
denn was uns wichtig ist, braucht Zeit,
hin zum möglichen Gewinn!

Sind dann vielleicht Momente hin zur Wende
und viel mehr als Geld und Gut;
wie ein Stück vom Glück am anderen Ende
oder vielleicht ein Sprungbrett in die Hoffnung;
oder einfach
wie eine Segnung für das Leben!

Träume in Weiß (1)

Die Sonne geht wieder hinauf,
eine neue Chance, die erwacht;
Glück und Pech nehmen ihren Lauf
und kaum einer fragt mehr nach der Nacht!

Lautlos übergibt dann der Moment, der bedeckt,
und der Morgen erwacht ganz ohne Vertrag;
Gefühle legen das Glück angeeckt
und die ersten Bilder versprechen die Sterne am Tag!

Die Seele taucht schon mal ein ins jungfräuliche Flehen,
und Väterchen Frost begrüßt und entrückt,
dazu kommt ein aufrichtiges Sehen,
begleitet von einem Blick, der Silben verdrückt!

Die Bilder im Schnee heben alles andere weiter,
die Seele beschließt irgendwann zu frohlocken;
der Geschmack eines Gefühls macht froh und heiter,
weil die Leuchtfeuer in den Herzen die Sehnsucht
beflocken!

Träume in Weiß (2)

Ein Stück einer eigenen Welt wird gestreichelt
und die Hoffnung verschreibt der Schleife Gewicht;
dem Traum wird mit allen Sinnen geschmeichelt,
wie ein Handschlag im goldenen Licht!

Der Anblick der Silhouette verheißt,
als hätte ein Maler neue Farben erfunden;
wo die Gefahr für das Leben versendet,
voll Würde, so eisig und schön!

Selbst der wolkenlose Himmel spricht nicht davon,
über die Hänge und Grate vor Ort;
federleicht treibt nun der Lohn
und wirft jede Angst hinfort!

Die Berge der Sehnsucht schlagen Alarm,
der Horizont stemmt ein Gedicht;
die Wünsche entwerfen so lautlos und warm
und leiten das Tiefschneegesicht!

Träume in Weiß (3)

Und irgendwann heißt es nur noch versteh,
der Schwung und die Freude begehren das Wort in der
Sonne,
im einsamen Tal mit dem glitzernden Schnee;
denn das Tun und Handeln bleibt hoffentlich eine
Wonne,
wo die Frage die Antwort schon ist!

Denn heute liegt es klar auf der Hand,
der Morgen stellt seine Weichen dann umso lieber;
der Abend umrundet die Fügung im Land,
und die Nacht besiegt dann das Fieber!

So stehen die Worte;
nütze mit Demut
und bleibe gesund!

Leben ist nicht planbar,
aber zu hundert Prozent zu leben!

Notruf des Herzens (1)

Ohnmacht, Leere und der pure Wahnsinn,
alles nur weil;
weil der Trugschluss der Zärtlichkeit,
getrieben von den Bildern der Nacht,
festhängt im Kummer der Zeit!

Schweigen, klagen und leere Wände,
alles nur weil;
weil deine Hände mich nicht umarmen,
als Rattenfutter!

Pein, Leere ohne Glauben und die Seligkeit,
alles nur weil;
weil der Traum ein Traum bleibt,
verlassen vom Glück,
als Schattenkind!

Notruf des Herzens (2)

Angst, Hoffnung, Lichterglanz,
alles nur weil;
weil der Himmel auf einmal verzeichnet,
der Anrufbeantworter verwaltet
und die Fügung stellt ihre Weichen!

Und ich springe auf in meinem Wahn,
packe es an;
danke der Hoffnung im Herzen zuhauf,
ganz insgeheim!

In Zukunft und Hoffnung
liegt oftmals ein einziger Schritt!

Übergänge, Übergänge

Übergänge, Zwischengänge
gibt es ohne Zahl;
gibt es Tag für Tag,
sind wie die Facetten ohne Zahl!

Übergänge, Zwischenzeiten
sind vielleicht so wie das Leben;
haben manchmal Zwischenklänge,
uferlos und so unendlich weit!

Übergänge, Wartezeiten
treten manchmal auf der Stelle;
doch die Zeit bleibt niemals stehen,
selbst der Augenblick!

Übergänge, lange Gänge
und die Erde dreht sich weiter;
werden immer wieder ausstaffiert
und wohl niemals ausradiert!

Übergänge und eigene Werte
sind und bleiben;
wie der Mensch es auch bestellt!

Der Strumpf

Der Strumpf ist gelb,
der Strumpf, fast schon vergilbt,
schwer, tropfend, nass;
der Strumpf erinnert an den eigenen Saft,
an ein Relikt aus Postbeständen,
an eine Talksendung im neidischen Fernsehen,
an eine frisch ausgepresste Orange!

Mit dir

Mit dir nur Zweisamkeiten binden,
die bis in alle Ewigkeit versüßt,
damit nicht nur Sekunden zueinander finden
und jede Zelle unsres Körpers dann erreicht!

Mit dir nur Liebe geben,
die unbeschreiblich alle Sinne in uns schürt,
den Wahnsinn und das Leben neu verweben,
die unsere Zärtlichkeit im Paradies verführt!

Und dann im Spielball der Gefühle siegen,
wo keine Sinnlichkeit entgeht;
wo ein Tabu
das andre übersteht!

Mit dir nach Wundern streben
im Fadenkreuz der ganz verbotenen Triebe;
sich ausgezogen füreinander geben,
mit Abenteuerlust im Reich der Liebe!

Vorbei ist vorbei (1)

Ein Blick
in ein leuchtendes Frauengesicht;
mein Herz
gleicht einen Dackelblick,
dazu lauert in der Seele der Schmerz,
mehr als nur einen Augenblick!

Und dann,
lächelt das freundliche weibliche Augenpaar auch noch
zurück,
zurück, als wäre es auch noch wahr,
doch ich bin schon;
viel zu viele Schritte zurückgegangen
und sie dreht sich von mir weg,
bin aber noch immer in mir gefangen,
es hat wohl heute so keinen Zweck!

Vorbei ist vorbei (2)

Wie weit nur
habe ich meine eigene Spur im Momente verbraten;
nicht die Zeit genommen zum Leben,
das Glück einzuladen;
dem Wichtigsten der Welt einen Namen zu geben!

Und so zeigen sich die ungesagten Worte
als ein Versäumnis an diesem Tag,
führen zur bitteren Erkenntnis,
gibt sich alles wie ein Schlag,
doch gut ist zumindest das eine:
vorbei ist vorbei!

Formkunst

Die Norm entscheidet vieles,
das weiß nicht jedes Kind;
Erfinderglück
am Schachbrett der Ideen!

Die Poesie hat einen eigenen Namen,
das ist zu schön, um wahr zu sein;
versprühte Herzlichkeit
im Feuerball der Sinne!

Am Anfang war die Regung,
dann ging es ohne Kompromisse;
im Kerzenlicht
zu einem Ziel der Träume!

Bis alles dann verschmilzt,
so formvollendet, so rund und so bunt;
als Kunstform manchen Lebens,
am Anfang eines Weges!

Wellenspiel auf dem Atoll

Wellen singen leise dort am Strand,
wippen hin und wippen her;
streicheln sanft ein Wunderland
und das Inselglück der Südsee wird so schwer!

Blicke leuchten bis ins Herz,
tief in Raum und Zeit;
speisen selbstlos jeden Schmerz,
schieben voll Erbarmen alles Glück so weit.

Berühren jeden Liebesweg gekonnt,
kleiden aus die Zärtlichkeit der Räume;
die verführen bis zum Horizont
und schmeicheln dann von einem Hochzeitkleid der
Träume!

Legen farbenfrohe Bilder
tief ins Abendrot hinein;
führen mitten in das Paradies,
wo die Bitten zart und fein.

Schenken jeden Tag ein bisschen Hoffnung,
wo die Wirklichkeit umhüllt;
treffen dort auf die Gedanken und Gefühle,
wo das Bild der Sehnsucht weinrot stillt!

Lyrische Engel

Botschaft, Rolle, Spiel und Ironie,
weil sie nun auch ihren ausgesuchten Klang beteuern,
den die Engel schenken voller Fantasie,
wo sie nun die Sinfonie der Träume scharf verfeuern!

Fassen ihre Dogmen mit viel Sinn im feinen,
strahlen dann als Glücksgebot so weit;
im Sonnenschein, im Allgemeinen,
als Abendrot der Zeit!

Das Bildnis, das dann ihre Sehnsucht schont,
und die Engel können singen;
als eine Kraft, die tief im Herzen wohnt,
wo sie dann den Lichterglanz uns bringen!

Paradiesisch mit ihrem unverwechselbaren Gesang,
in rosaroten Bildern nur für uns gedacht,
vielleicht als Neuanfang,
als Engelspoesie für Tag und Nacht!

Zu lieben

Atemgleich,
dazu porentief ausgezogen;
ist der Grundton in Rot gehalten
und die Stimmung in den Himmel geschoben!

Programmgleich,
durch den Sonnenstrahl der Muse;
entspricht der Blick einem flammenden Gebet,
und selbst die Handlung geht unter die Haut!

Wortgleich,
mit Blicken ins Paradies;
verläuft alles im Dreivierteltakt der Gefühle
und die Sehnsucht moduliert die Sehnsucht der Reize!

Gedankengleich,
irgendwo am Rande der Zeit;
küsst die Zärtlichkeit des leuchtenden Lichts
Momente des Glücks!

Denn im romantischen Film
senden Liebende stumme Signale;
fragen nicht nach, wo der Gedanke sich windet,
und senden wie kleine Kinder;
weil ihre Liebe verbindet!

Eisblumen an der Fensterscheibe

An der Fensterscheibe
klebt eine Blume aus Eis!
Beileibe,
ein stiller Beweis!

Nun verführt dieses Gebilde
wie ein Traum;
was führt es im Schilde,
vielleicht einen ungesagten Raum!

Schiebt sich diese eisige Erklärung
mit dem Vollmond der Nacht;
als schmeichelnde Erregung
in unbeschreiblicher Pracht!

Dort wird sie zur Zierde,
den eisigen Temperaturen sei Dank;
doch du sitzt mir gegenüber,
auf der Ofenbank schräg gegenüber dem Fenster,
und alles wird himmlisch und so unsagbar nett!

Verliebt, verrückt, geschieden in Europa
oder: „Der ganz normale Wahnsinn!"

Einsam verliebt sein tut vielleicht weh,
zu zweit sein ist sinnlich;
ja, mitunter besonders schön,
manchmal geradezu köstlich!

Einsam verrückt tut nur einem selbst weh,
zu zweit verrückt sein ist Hunger auf das Leben;
ja, mitunter bärenstark
nach gemeinsamen Zielen zu streben!

Einsam geschieden sein tut jedem Einzelnen weh,
und trotzdem geschieden sein ist manchmal die einzige
Lösung,
nicht schön,
danach vielleicht ein einziges Chaos!

Und die Moral dazu,
Eiszeit wiegt eine Feder nicht!

Vom Jetzt und Hier

Die Kälte bricht den Abendstern,
die Sorgen jeden Horizont;
die Sterne gleichen dem verlorenen Herzen,
der Morgen einer Schwere!

Das Denken gleicht dem tiefen Fall,
der Blick dem kalten Schauer;
die Nacht gleicht einem schwarzen Ball,
das Glück rennt gegen eine Mauer!

Es wäre ich in einer Folterkammer,
die Leere in mir kennt keine Grenzen;
es ist halt momentan ein Jammer,
der eigene Traum wird hingerafft!

Das Hoffen einer Fehlgeburt,
die Gedanken kreisen wie im Karussell;
doch noch gibt es ein bisschen Hoffnung,
im Jetzt und Hier!

Kaffee

Schwarz wie die Nacht finster,
fast so anregend wie Sex;
nachhaltig im Allgemeinen
und für manche die Rettung der Zeit!

Verpackt für Hochglanzgemüter,
fasst so betörend wie du;
nachhaltig, ohne die Keule zu schwingen,
und viel zu teuer am Eck!

Für den Magen vielleicht ein Erdbeben,
fasst so hinterlistig wie Sorgen;
in Maßen noch zu vertreten,
auch ohne Zucker und Milch!

Mit oder auch ohne;
so wie es jeder gern mag;
veredelt und manchmal sehr weit gereist
und als Bohne nicht ohne!

Als Duft eine Marke,
manchmal eine Frage des guten Geschmacks;
um Pausen zu füllen,
trinkbar, bevor das Verfallsdatum zupackt!

Ich meine

Im Dunklen gibt es Licht,
hier ist die Hoffnung auf den Kopf gestellt,
der Traum hat hier die Seele nicht verloren;
das Glück, auch wenn es eine Pause macht;
das Herz, auch wenn es einmal einsam ist!

Denn eine Frage ist noch keine Antwort,
ein Tun und Handeln schon ein großes Glück;
denn ich bin überzeugt und meine,
im Dunkeln gibt es Licht!

Das Rosenmädchen

Die Zartheit ihrer Erscheinung
schmeichelt allem um sie herum;
dann verzaubert ihr Lächeln den Moment,
und sie betritt den Garten der Lust!

Von Sehnsucht in sich besessen,
verführt sie mit Herz und mit Verstand;
die Augen wandern und vermessen,
und der Tag ist ein anderes Land!

Als bleibende Erinnerung der Versuchung
küsst das Glück jede Pore der Haut;
ist denn alles an ihr Berechnung,
selbst der Ort ist ihr mehr als vertraut!

Die Sonne verzaubert den Strand
am Morgen danach;
wo der Blick der beiden zur Begierde hin fand,
und die Gefühle liegen bis auf Weiteres wach!

Alles wird plötzlich so anders
und alles wird neu;
weil die Gefühle einer Jungfrau
den Morgen mit Perlen bestücken!

Gebilde aus Reif

Der Morgen hat noch Zeit,
die Nebelschwaden ranken;
Stillleben macht sich breit,
die Blicke lenken die Gedanken!

Ein Tropfen will doch nur heraus,
wo Bilder dann erlangen;
dehnt sich der Tropfen kaum noch aus
und bleibt in sich vorerst gefangen!

Erstarrt im kalten Schauer eines Morgens,
am Blumenrand der Fantasie;
grotesk und wunderschön verborgen,
als Spiegelbild der Wassersinfonie!

Gebilde ohne Ewigkeit,
und so verletzlich und so unentgeltlich;
ganz ungebunden im eigenen Zauberkleid,
dazu auch eine Spur ganz sinnlich!

Dann zeigt sich voller Achtsamkeit
im Spiel des Lebens;
die Spur Vergänglichkeit
im Wunderland der Möglichkeiten;
als Muse der Annalen!

Silberlocke küsst Chamäleon

Frei und unerklärlich schön voll Harmonie,
streift der Nebel feuerrote Schuppen aus dem Moor;
flüstert die Natur unheimlich ihre eigene Melodie
und ein blubbern klingt so romantisch wie im Chor!

Wo Farbenspiele sich nach oben recken,
doch die Sinne mahnen irgendwie zur Vorsicht;
weil die Formen der geheimnisvollen Lust entdecken,
bis der Ast den Schatten bricht!

Lichter Urwald hebt sich über tonnenschweren Stein,
bis die Welle und die Richtung dann verschmelzen mit
dem Wind;
stiftet da ein ganz verstörter Kern,
weil die Augen voller Sehnsucht sind!

Und so kommt es dann zum Überfall im Sonnenlicht,
wo der Körper eines Tieres sich gestochen bewegt;
doch dann geht es um den Blick;
weil der Faden einer Spinne mit der Ansicht sich erregt!

Dann ist es soweit,
weinrot sticht das Tier den Mond;
legt mit Silber, Schwefel und dem Kleid der Farben
eine neue Ansicht hin!

Hakenabstände (1)

Das Salz in der Suppe
sind die Hakenabstände;
das Salz in der Suppe
ist, nicht noch zu fallen!

Das Salz in der Suppe
ist der Überhang zwischen den Hakenabständen;
das Salz in der Suppe
liegt über der Kante des Überhangs!

Das Salz in der Suppe
ist die Technik der Griffe zwischen den Hakenabständen;
das Salz in der Suppe
ist die Belastbarkeit der Griffe!

Das Salz in der Suppe
ist die Anzahl der Hakenabstände;
das Salz der Suppe
ist ein solider Standplatz zwischen den Hakenabständen!

Hakenabstände (2)

Das Salz in der Suppe
ist auch die Länge der gesamten Tour,
das Salz in der Suppe
ist manchmal so vieles mehr!

Doch das Salz in der Suppe
ist und bleibt auch immer der Kletterer oder die
Kletterin!

Fragen sind in die Jahre gekommene Antworten!

Schönheit der Natur

Fallende Wasser am Berg,
für das Auge so wild und so herrlich;
dann versprechen auch noch die Bilder
Ruhe und Zeit zum Entspannen!

Eine Blume, so einsam und verlassen im Garten,
schmiegt sich lieblich im Wind;
dann versprechen auch noch die Sinne, ohne zu warten,
wo das Licht und der Glaube dann sind!

Denn ein Stern in einer einsamen Nacht
fordert einen jeden, an seine Bilder zu glauben;
dann verspricht auch noch ein Lächeln im Abendgewand
einen Morgen voll Trauben!

Eine Frau für das Leben
macht glücklich, macht reich;
Lust und ein Kribbeln
nach mehr und bis in den schönsten Bereich!

Die Schönheit spricht Bände,
im Augenblick und auch im Moment;
denn Körper, Geist und Seele sind das Wenige,
was der Mensch im Grunde genommen wirklich besitzt!

Nomen et Omen

Ein Verbot jagt das andere,
ein Gesetz überwacht das kommende;
es kommt zum Sittenverfall,
wer bereitet dem Ganzen ein Ende?

Eine Vereinigung blamiert die größere,
ein Abschluss ist nicht genug;
es kommt zum Größenwahn,
was auf dieser Welt ist nicht alles Betrug?

Eine Verordnung unterwandert das Wesentliche,
die andere Behörde vergisst ihr Umfeld;
doch alle verteilen die Stiche
mit unsauberem Geld!

Der Kommerz zerlegt alles,
die Werbung entdeckt ihr eigenes Licht;
man gleicht schon einer gläsernen Wanze
im unvermeidlichen Medienbericht!

Das Amt überzieht die Zeit und gleicht einem
Verladebahnhof,
ein Stempel ist darauf eine einzige Schikane;
alles ist dann soweit,
bei der unglaublichen Geschichte der Banane!

Die erste Veränderung fängt im Bewusstsein an!

Lichtreklame

Funkelnd scheinen Lichtreklamen hier zu schätzen,
werfen Schatten über Bord;
selbst auf Bänken und auf Plätzen
wird der Tag zur Mausefalle!

Grell und nicht mehr zu ertragen
spiegeln Farben ohne Namen;
selbst der Wiesen Tau wird nun verzagen
und dann hört man irgendwo ein Amen!

Selbst der Augenblick wird nicht geschont,
und das Helle eifert um die Wette,
wo die Firmen kleben, was sich lohnt,
gleicht das Funkeln dieser Lichter einer Kette!

Nüchtern sachlich, ohne eine Spur von Achtsamkeit,
wird so mancher Zauber einfach ausradiert;
selbst das Glück wird über Bord geworfen,
und die Zahlen werden dann addiert!

Langsam wirft der Schein und gibt dazu,
liegt die Stadt im Lichterglanz;
selbst die Stimmen sagen, komm hinzu,
weil die Birnen sündhaft glühen
am Olymp zum Lorbeerkranz!

Seele

Mitleid
kennt die Gesellschaft nicht,
Selbstmitleid
ist der Anfang vom Ende!

Selbstaufgabe
ist selbst dem Leben fremd;
Selbstzerstörung,
wenn es an allen Ecken brennt!

Angst,
wenn eine Frage alles ist;
angstvoll,
wenn Kleinigkeiten alles sind!

Mit dir ganz allein

Liebe
ist eine Frage,
die ich dir immer wieder stellen möchte,
dir ganz allein!

Liebe
ist immer wieder ein Anfang,
den ich nur dir ganz allein schenken möchte,
dir ganz allein!

Liebe
ist geliehenes Glück,
mit dem ich sehr vorsichtig sein sollte,
nur mit dir ganz allein!

Liebe
gibt man nicht so einfach auf,
mit dir schon überhaupt nicht;
mit dir kämpfe ich um unsere Liebe,
mit dir ganz allein!

Alter

Wie alt man ist,
sagen nicht unbedingt die Falten;
beweisen nicht immer die Jahre,
enträtselt nicht immer das Aussehen!

Wie jung Mann ist,
erlauben die Gefühle;
zeigt der Geist,
entpuppt sich im Dasein des Menschen!

Alles in allem

Warum wir was tun,
entsteht oftmals aus dem Gefühl
und zweitrangig aus der Hoffnung
nach einem Gewinn!

Denn es bewegt und erregt,
mit Herz und Verstand,
Hand in Hand!

Doch das Leben ist, wie es ist,
irgendwie doch einfach und echt;
Gespür und Intuition,
vielleicht lieblicher Mut,
aber vor allem eines:
ein kostbares Gut!

Musik für zwei

Das kleine Grammophon vor Ort,
dass dort im Schuppen steht;
spielt Töne voller Fantasie,
fügt noch dazu mit jedem Blick von beiden!

Wo sanft das Liebeslicht entzückt,
vom Schönsten auf der Welt,
wo tiefe Macht entrückt,
von einem Traum, der zählt!

Spielt nur für diese beiden
im Reigen der Gefühle;
benetzt dann ungeahnte Weiten
und gleicht dem Werden einer Mühle!

Und irgendwann sind sie bereit zum Fliegen,
zum Horizont in Raum und Zeit;
um dann der Zärtlichkeit mit allen Sinnen zu erliegen,
wo Seligkeit nicht messbar bleibt!

Und mittendrin im Schlussakkord
wird der Moment zum Fest,
dann schieben sie das Wort hinfort
und leben selbst den letzten Rest!

Wie viele Träume

Wie viel Träume hat die Erde,
wie viel Glück der Sonnenschein;
wer hat die größten Werte,
alle wollen wir nur glücklich sein!

Wie definiert man Herzenswärme
und wie singt man, ich liebe dich;
warum nur wecken Kinder Sterne,
was denkst du über mich?

Warum gibt es den Neid,
was ist denn überhaupt ein Wunder;
was wohl ist unser größtes Leid
und wie fängt man ein Stück des Augenblicks?

Wie erklärt man alle diese Fragen,
warum nur zeichnet das Gesicht;
da hilft doch nicht zu klagen,
da hilft nur noch zu gehen in das Licht!

Das (Nicht-)Tun und (Nicht-)Handeln
ist der Ausweis des Menschen!

Verhältnisse

Es rauschte mal im Blätterwald
der Tratsch, der seine Opfer holt,
die Hiebe zogen ziemlich kalt,
das erste Lächeln wird versohlt!

Das Geld gibt allen Waren einen Preis
und viele Menschen machen mit;
das Herz und auch die Seele kommen auf das
Abstellgleis;
der Alltag wird nur Krampf und Kampf!

Keiner denkt an Mut und Gut,
Angst vor jedem neuen Morgen;
selbst das kleinste Glück schiebt man zur Seite,
wenn die Schwere aller Sorgen!

Es sangen die Japaner,
bis ihr Schreien einem Singsang glich;
die Menschen lächeln ja fast immerzu,
es fragte dann so manche Kreatur!

Beim Hängen einer Hängematte
geschah es einfach irgendwann;
es knabberte auch irgendwo die Ratte,
beim Fall nach unten verlor sie ihren Schneidezahn!

Auf ein Wort

Wie viel glaubst du schon und was weiß deine Seele
bereits davon,
oder begehrst du auch immer wieder diesen;
diesen unverwechselbaren Reichtum der Liebe?

Wie viel Herz hast du und was ist der größte Traum
deines Lebens,
oder kannst du dich einfach auch nicht dagegen wehren;
nicht anders als einfach dem Licht in deinem Herzen
folgen?

Wie viel Verstand bist du bereit aufzugeben,
oder bist du schon mittendrin;
mittendrin im Strudel der Gefühle?

Dann lass es auch in dir eins werden,
eins von Körper, Geist und Seele;
wie die Blume am Morgenbeginn
oder wie ein Sonnenstrahl der Glückseligkeit;
sodass die schönste Nebensache der Welt
zu einem Mittelpunkt am Rande der Zeit wird!

Sehnsuchtsmelodie

Die Seele ist wie ein Blatt im Wind,
die Hände suchen nach dir
und eine Heimat ist unendlich fern;
die Liebe erfriert sich ohne einen Grund,
denn Leere in mir ergibt keinen Sinn!

Das Herz liegt in Ketten,
die Lippen sind trocken und rau,
und das Verlangen wird im Wasser ertränkt;
die Sehnsucht frisst mich immer mehr auf,
die Kälte lässt mich nicht fliegen!

Denn wo bist du nur, du meine Geliebte?

Darum hoffe ich noch
und glaube daran;
glaube und hoffe und gebe nicht auf!

Tagebuchgedanken

Wer will nicht Ziele erreichen,
so wirklich und schön;
anfangs sind sie wie Sporen im Wind;
denn erst, wenn man sie erreicht,
bleiben sie vielleicht stehen,
als sprachloses Kind!

Warum können so viele
einen Regentag nicht genießen;
vielleicht, weil sie glauben,
es regnet in die Seele;
das stimmt aber nicht,
oder?

Die Zärtlichkeit und Ehrlichkeit,
die Seligkeit und die Notwendigkeit;
erst recht die Sinnlichkeit und die Herzlichkeit;
ist keine Frage des Geldes;
sondern
die Achtsamkeit des Moments
oder ein Lächeln des Augenblicks,
ein Ja zum Leben
und immerzu für dich und mich bereit!

Fotogene Winzigkeit

Fotogen und doch so winzig klein,
sodass es fast schon im Verborgenen sitzt;
dazu erlaubt sich Stäubchen fein
als unsagbare List!

Als Spielerei der Winzigkeiten
träumt es von einer Mikrofaser;
bleibt nur die Ahnung der Ausdehnung,
geschrumpft zur Kamera der Kleinigkeiten!

Als Lupe der Entzückung
ergibt sich alles als Detail;
denn kleiner und nicht größer
als ein Problem in der Entrückung!

Farbenspiele zerren nun ins Visuelle,
wo der Grenzfall neu beginnt;
alles ohne Raum und Zeit,
wo Viren und Bakterien sind!

Als eine Fantasie der Winzigkeiten,
sodass man es nun nicht mehr mit dem Auge sieht;
noch nicht mal fotogen und winzig klein,
bis es nicht mehr zu fassen ist!

Heutzutage (1)

Zurechtkommen und funktionieren;
auf der Arbeit
und dann in der Gesellschaft,
nicht zu vergessen, im Amt,
mit dem Verwalten der eigenen Kraft!

Zurechtkommen und funktionieren,
vielleicht mit dem wenigen Geld
und dann mit den Folgen;
nicht zu vergessen, in der Wirklichkeit,
bis hin zur Sehnsucht und dem verlorenen Glück!

Zurechtkommen und funktionieren,
natürlich mit dem anderen Geschlecht
und den eigenen Möglichkeiten;
nicht zu vergessen, in den Tagen im Herbst,
mit der Leere und dem eigenen Chef!

Zurechtkommen und funktionieren,
vielleicht auch an jedem erdenklichen Ort der Welt
und mit den nicht gelebten Träumen;
womöglich dabei besser sein als der andere,
bis hin zu der immer gefährlicher werdenden Zeit!

Heutzutage (2)

Zurechtkommen und funktionieren,
bis man irgendwann einmal selbst an der Reihe ist
und mit dem, was dann noch von einem bleibt;
sagt man sich nun;
jetzt erst recht, mit dem eigenen Glück,
mit Herz und Verstand und dem eigenen Ich!

Zurechtkommen und funktionieren,
das Schlagwort der heutigen Zeit;
denn es ist ja heute schon so weit,
der Mensch, das gläserne Wesen!

Die Moorjungfrau

Wappnender Nebel,
langanhaltende Laute;
ein in Rost getauchter Hebel,
eine mit Grünspan überzogene Raute!

Plappernde Blasen,
kratzende Eisengestänge;
ein Stück in die Höhe gehobener Rasen,
eine vom Traum undefinierbare Wange!

Eine in Schönheit gewordene Mooreiche,
in gelb-blaue Farbe getaucht,
sinnlich betörende Bleiche,
in eigenartiger Anmut gestaucht!

Bestrichen vom Sonnenuntergang,
erhellt vom erotischen Licht;
ein von Harfen begleiteter Gesang,
alles in unverstellter Sicht!

Und irgendwo taucht auf
mit der Bitte nach Licht:
die Moorjungfrau!

Von einem Künstler

Kraftvoll malt der Maler eine Vision,
mit der Intuition und der Gesamtheit der Fassade;
reizt er die Symbolik zur Begegnung,
in seiner ureigenen Gnade!

Frei und auflodernd romantisch
bringt er den Pinsel rebellisch ins Bild;
legt ein Gesuch an sich,
mit der lautlosen Verknüpfung so wild!

Denn der Künstler ist frei und er erlebt
das Bild seiner Träume als eine Fiktion;
die Tiefe der Sehnsucht, die bebt,
das Gefühl, das sich ergibt und selektiert!

Und so leitet ihn nun seine Handschrift hin zu seinen
Gezeiten,
mit den Händen als Werkzeug;
grundlos in verschlungene Weiten,
mit dem Bild seiner Sprache,
wo sein Thema zeigt:
„Ein Maler sucht seine Grenzen!"

Eigentlich wollte mancher schon immer,
eigentlich;
eigentlich nur traurig, wenn es beim eigentlich bleibt!

Durch dich

Es gibt den Lidschlag,
den Lidschlag der Augen!

Es gibt den Herzschlag,
den Herzschlag von mir;
der denkt immer nur an dich!

Es gibt das Seelenglück,
das Seelenglück;
das für dich ist,
der Gleichklang der Herzen für dich!

Es gibt so viel Schönes,
so vieles;
so vieles Schöne auf dieser Welt,
lass es uns gemeinsam entdecken!

Schreibpause

Genug von Raum und Zeit,
genug vom beschriebenen Blatt;
dir schenk ich den Moment und meine ganze
Zärtlichkeit!

Genug von dem Roman und der Person,
genug des Formulierens,
dich küss ich in das Glück und dir die Tränen aus dem
Gesicht!

Genug der Sätze und der Zeilen,
genug von Überschriften;
dich hol ich aus dem tiefen Tal und pflücke mit dir die
Blumen unser Liebe!

Genug vom Warten,
genug vom langen Sitzen;
mit dir lebe ich das Wunder jeden Tag und schließe es
fest in meinem Herzen ein!

Als Perlen voller Reinheit,
als Meer der tausend Träume;
als eine Welt, die alles in den Schatten stellt,
als eine Pause, die dir allein gehört!

Augensprache

Sind wie Tore zu den Herzen,
sprechen ohne reden;
zeigen manchmal viele Kerzen,
wie sie still und heimlich beten!

Sind wie ein Spiegel für die Seele
und entwerfen ein Gesuch;
zeigen ohne Kühle
die Gedanken wie ein offenes Buch!

Sind wie eine Sprache ohne Worte,
und kein Vorhang hält die Silben auf;
eigen in der Sorte,
denn die Sehnsucht nimmt die Träne dann in Kauf!

Manchmal reichen nur Sekunden
und die Sache steht;
denn dann zeigt so ungebunden,
wohin der Weg nun geht!

Und so ist so manches Augenpaar,
Menschen seiner Art;
manchmal glasklar und aus allen Fugen,
wenn die Liebe eine Welt erschafft!

Flamenco-Festival (1)

Sie serviert das Klischee;
sodass alle Träume schmieren,
beim internationalen Fest der Sinne!

Denn sie ist mehr als nur Zierde auf dem Tanzball,
die Frau mit der Blume im Haar;
denn ihr weinrotes Kleid ist ein Traum,
eine Betonung an sich, ohne sie bloßzustellen;
denn dieser Stoff an ihr ist genauso einladend
wie der Wahnsinn, den sie verströmt!

Begleitet wird sie von Gitarren,
nicht von Wasser und Brot;
durchdrungen von Spitzen der Lust
und den Stimmungen des Augenblicks!

Flamenco-Festival (2)

Singt sie ein Lied des Glücks,
betont weiblich und echt;
ein Bild der Seligkeit
und eine ganz besondere Melodie!

Man merkt auch,
wie die Leidenschaft mit ihr ringt;
ihr feuriger Stolz,
taufrisch und unverbraucht;
die jede Frage übernimmt!

Und keiner fragte nach Verboten,
als sich die Körper berührten;
nur nach Leben und Glück,
gesponsert durch die Ewigkeit!

Sehnsucht nach dir

Könnte der Gedanke fliegen,
er wäre längst bei dir;
er würde mit dir reden,
am Puls der Zeit!

Er würde dich ganz sanft umarmen
und wärmen überall;
er würde dich romantisch küssen
bei Kerzenlicht!

Er würde mit dir ganz verschmelzen,
so deckungsgleich;
er würde alle weißen Fahnen hissen,
ganz liebestoll!

Was bleibt von dem

Weite, die sich immer mehr verläuft,
der Strich, der niemals endet;
Ferne, die sich selbst verliert,
im Jetzt und Hier!

Punkte, die dann ohne Frage enden,
fliegen wie im Paradies;
Oasen, die dann nicht zu greifen sind,
mittendrin in dem Moment!

Verloren, einfach uferlos,
greifbar ohne einen Halt;
bis es überschwappt am Rand
samt einem Augenblick!

Denn, was bleibt von alledem,
vielleicht das Leben und die Liebe
und was der Einzelne nun daraus macht!

Ein Tag ohne Zärtlichkeit und Sinnlichkeit zu und
mit einer Frau meiner Wahl,
fühlt sich für mich wie ein verlorener Tag an!

Im selben Verlag sind vom Autor bereits der Gedichtband „Perlenkette" und das Buch „Die Schneeflocke fiel vom Himmel" erschienen.

Der Autor wurde am 6. 4. 1968 in Neustadt/Aisch in Mittelfranken geboren und lebt seit 2005 mit festem Wohnsitz in Österreich.

Nach der Pflichtschule mit qualifizierendem Hauptschulabschluss absolvierte er eine Ausbildung zum Schreiner, bevor er sich 2000 in Rosenheim zum Masseur und medizinischen Bademeister umschulen ließ; mit Nostrifizierung zum Heilmasseur! In seiner Freizeit ist er gern in der Natur; er liebt Skitouren, Hoch- und Eistouren und tanzt vor allem Bayrisch, Polka und Walzer, aber auch Fox für sein Leben gern!

MIX

Papier | Fördert
gute Waldnutzung

FSC® C083411

Zeitfracht Medien GmbH
Ferdinand-Jühlke-Straße 7
99095 Erfurt, Deutschland
produktsicherheit@kolibri360.de